RÉSUMÉS

DE MORALE

ET

d'Instruction civique

PAR

A. BANCAL

INSPECTEUR PRIMAIRE A PAU

LIVRE DE L'ÉLÈVE

Cours moyen, Cours supérieur

PARIS

EUG. MOLOUAN, LIBRAIRE-ÉDITEUR

46, RUE MADAME, 46

RÉSUMÉS

DE

Morale et d'Instruction civique

RÉSUMÉS

DE MORALE

ET

d'Instruction civique

PAR

A. BANCAL

INSPECTEUR PRIMAIRE A PAU

LIVRE DE L'ÉLÈVE

Cours moyen, Cours supérieur

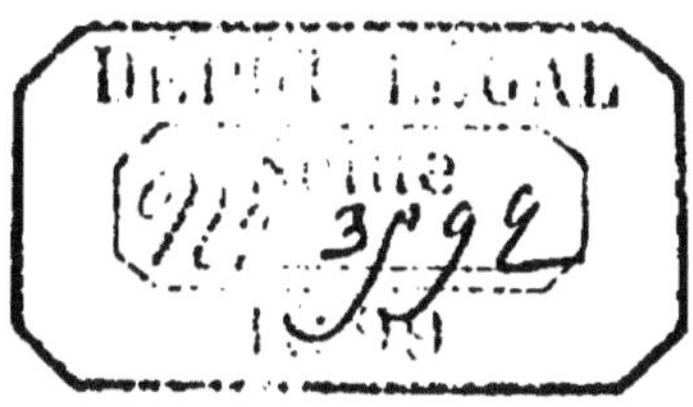

PARIS

EUG. MOLOUAN, LIBRAIRE-ÉDITEUR

46, RUE MADAME, 46

RÉSUMÉS

DE

Morale et d'Instruction civique

PREMIÈRE PARTIE

MORALE

COURS MOYEN (1re ANNÉE)

I. — LA FAMILLE

1re Leçon. — Amour des parents pour leurs enfants.

Résumé. — Le père, la mère et les enfants unis par la plus vive affection forment la famille dont le père est le chef.

Le père et la mère travaillent sans cesse pour leurs enfants qui leur doivent tout ce qu'ils ont, tout ce qu'ils sont et tout ce qu'ils seront plus tard.

2e Leçon. — Devoirs des enfants envers leurs parents. Reconnaissance, obéissance, confiance.

Résumé. — Nous serons reconnaissants envers nos parents pour tous leurs bienfaits. Nous leur obéirons avec confiance, persuadés que tout ce qu'ils nous commandent est pour notre bien.

3e Leçon. — Respects des parents.

Résumé. — Rien ne peut nous dispenser envers nos parents du respect que nous devons leur prouver par tous les moyens possibles et dans toutes les circonstances.

L'accomplissement de ce devoir rend heureux à la fois nos parents et nous-mêmes.

4ᵉ Leçon. — **Amour filial, secours, assistance.**

Résumé. — L'amour filial est composé surtout de la reconnaissance, de la gratitude que nous inspirent les bienfaits que sans cesse nous recevons de nos parents. Il se manifeste dans toutes les circonstances, mais surtout quand nos parents, âgés et affaiblis, ont besoin que nous leur rendions une partie des soins que nous avons reçus d'eux. Celui qui n'assiste pas ses parents dans le besoin est un enfant dénaturé, digne du mépris de tout le monde.

5ᵉ Leçon. — **Devoirs envers les grands parents et les vieillards.**

Résumé. — Le père et la mère de notre père et de notre mère les ont élevés, nourris, fait instruire. Ils leur ont donné une profession qui leur a permis de nous élever à leur tour. Nous devons payer en affection et en respect la dette de nos parents et nous rappeler que nos grands-parents sont encore meilleurs pour nous qu'ils n'ont été pour leurs enfants. Essayons donc de rendre leurs derniers jours heureux et respectés.

6ᵉ Leçon. — **Devoirs réciproques des frères et des sœurs.**

Résumé. — Les frères et les sœurs doivent s'aimer les uns les autres, se respecter, être complaisants et polis les uns pour les autres. Les aînés doivent protéger les plus jeunes et remplacer auprès d'eux leurs parents. Les plus jeunes doivent obéir à leurs aînés. Les frères doivent avoir, en particulier pour leurs sœurs, douceur et complaisance.

7ᵉ Leçon. — **Devoirs envers les parents en général.**

Résumé. — Il faut avoir affection et respect pour nos oncles et nos tantes ; il faut aimer nos cousins et cousines et tous nos parents ; leur venir en aide autant qu'il est en nous et conserver avec eux des relations dignes et cordiales, qui vivifient l'esprit de famille et assurent l'honneur du nom que nous portons.

8ᵉ Leçon. — **L'amitié.**

Résumé. — Nous devons aimer comme de véritables parents les amis que nous avons choisis. Nous nous réjouirons de leur bonheur et nous partagerons leurs peines. Il ne faut pas se lier légèrement, car l'amitié doit durer toute la vie.

Celui qui se conduit mal n'a pas de véritables amis.

9ᵉ Leçon. — **Devoirs envers les serviteurs.**

Résumé. — Nous devons traiter nos domestiques d'une manière digne d'eux et de nous.

Les enfants en particulier doivent être réservés dans leurs rapports avec eux.

10ᵉ Leçon. — **Devoirs des serviteurs.**

Résumé. — Les domestiques doivent toujours se rappeler qu'ils sont au service de leur patron. La politesse, l'obéissance, la probité la plus scrupuleuse, sont leurs devoirs les plus importants.

II. — L'ÉCOLE

11ᵉ Leçon. — **Assiduité, application de l'écolier.**

Résumé. — Les occupations de nos parents les empêchent de se charger exclusivement et complètement du soin de notre éducation et de notre instruction. C'est pourquoi ils nous envoient à l'école.

C'est donc un devoir pour nous d'être assidus à nous y rendre et d'être attentifs aux leçons que nous y recevons.

12ᵉ Leçon. — **Respect du maître, obéissance, reconnaissance.**

Résumé. — Comme nous respectons nos parents, nous devons respecter notre maître qui les représente à l'école. Nous devons lui obéir et lui être reconnaissants des peines qu'il se donne pour nous instruire et nous bien élever.

13ᵉ Leçon. — **Affection pour les camarades.**

Résumé. — Les élèves d'une école doivent s'aimer pour

être heureux et pour rendre leur maître heureux. Ils doivent s'aider entre eux, se donner le bon exemple les uns aux autres et se faire mutuellement de petites concessions afin que la bonne harmonie règne dans l'école.

14ᵉ Leçon. — Émulation, envie, jalousie, délation.

Résumé. — L'émulation est bonne, mais l'envie et la jalousie sont de très vilains défauts. Ce qui l'est encore davantage, c'est l'hypocrisie et les actes qu'elle nous fait commettre, au nombre desquels se trouve la délation, qui est une vraie lâcheté.

15ᵉ Leçon. — Éducation après l'école.

Résumé. — Lorsque nous avons quitté l'école, et même lorsque nous sommes devenus grands, il faut que nous cherchions par tous les moyens à conserver ce que nous avons appris et à l'augmenter. Il est honteux pour un conscrit d'avouer qu'il sait à peine signer son nom.

III. — LA PATRIE

16ᵉ Leçon. — Grandeur et malheurs de la Patrie.

Résumé. — Notre Patrie, c'est la terre où sont nés nos parents et où nous sommes nés nous-mêmes. C'est une grande famille composée de tous les citoyens qui ont la même histoire, les mêmes aspirations et qui obéissent aux mêmes lois.

Nous devons aimer notre Patrie comme nous aimons nos parents, c'est-à-dire plus que nous-mêmes. Les malheurs que la patrie a subis doivent augmenter cet amour. Nous ne devons jamais désespérer d'elle.

Nous devons un profond respect au drapeau, symbole de la Patrie.

17ᵉ Leçon. — L'État et les citoyens.

Résumé. — L'État, issu de la volonté des citoyens, doit assurer à ceux-ci le libre exercice de leurs droits civils et politiques.

Les citoyens doivent à leur tour s'aimer les uns les

autres et travailler ensemble à la prospérité de la patrie, qui leur assure le bien-être dont ils jouissent.

18ᵉ Leçon. — **Obéissance aux lois**.

Résumé. — La loi est l'expression de la volonté générale devant laquelle la volonté de chacun doit s'incliner. Nous devons donc respecter la loi parce que c'est elle seule qui nous gouverne, et respecter également ceux qui la représentent au milieu de nous.

19ᵉ Leçon. — **L'impôt**.

Résumé. — L'impôt est à la fois nécessaire et légitime. En le payant nous rendons à la société une petite partie des bienfaits que nous recevons d'elle et nous contribuons à assurer l'existence de l'État.

Nous ne devons pas chercher à échapper à l'impôt qui est à notre charge : la fraude et la contrebande sont de véritables vols.

20ᵉ Leçon. — **Le service militaire**.

Résumé. — Tous les citoyens valides sont soldats et doivent, en cette qualité, servir la patrie pendant un temps déterminé. Ils doivent remplir tous leurs devoirs militaires avec courage et docilité, depuis les plus humbles et les plus pénibles jusqu'aux plus glorieux.

21ᵉ Leçon. — **Le vote**.

Résumé. — Pour reconnaître les sacrifices et les efforts qu'ont faits nos pères, nous devons exercer avec soin notre droit de vote. C'est un devoir de bien voter, c'est-à-dire avec indépendance et conscience. La prospérité de la Patrie et la nôtre dépendent de la manière dont nous votons.

22ᵉ Leçon. — **L'obligation scolaire**.

Résumé. — L'État a besoin que tous les citoyens soient instruits afin que sa stabilité ne soit pas compromise. Aussi, depuis 1882, tous les enfants sont-ils tenus de s'instruire, et les parents obligés de les faire instruire, soit chez eux, soit à l'école qui, pour cette raison, est gratuite.

IV. — DEVOIRS ENVERS SOI-MÊME

23ᵉ Leçon. — **Dignité personnelle. Le corps.**

Résumé. — Nos devoirs envers nous-mêmes nous commandent de conserver notre corps en bon état. Pour cela nous devons être propres, sobres, ne manger ni ne boire avec excès et nous fortifier par l'exercice afin de pouvoir bien remplir tous nos autres devoirs.

24ᵉ Leçon. — **L'âme. La sensibilité.**

Résumé. — Notre principal devoir envers nous-mêmes est de combattre nos défauts, d'augmenter et de fortifier nos qualités.

Il faut lutter contre l'ambition, l'orgueil, la jalousie, la colère et être modeste, aimant, doux et patient.

25ᵉ Leçon. — **L'intelligence. La vérité. Respect de la parole donnée.**

Résumé. — C'est un devoir de s'instruire et de ne pas être superstitieux. Il nous faut aussi dire toujours la vérité, même lorsqu'il peut en résulter pour nous quelque désagrément et tenir toujours la parole donnée.

26ᵉ Leçon. — **La volonté et le courage.**

Résumé. — Le courage et la force d'âme nous sont indispensables pour pratiquer le bien.

Il faut les acquérir. Il faut résister courageusement aux souffrances de toute espèce et employer notre énergie et notre volonté à notre amélioration et au bonheur de nos semblables.

27ᵉ Leçon. — **La prudence.**

Résumé. — Si nous voulons éviter de faire des sottises, il faut être prudents et réfléchis. Si nous voulons éviter la misère et être utiles aux autres, il faut être prévoyants et économes, mais non avares ni prodigues. Il faut surtout fuir le jeu qui démoralise ceux qui s'y livrent.

28ᵉ Leçon. — **Nécessité et noblesse du travail.**

Résumé. — En travaillant nous gagnons notre vie et celle des nôtres. Tout, autour de nous, travaille de quelque manière. Il ne faut donc pas se plaindre de l'obligation qui nous est imposée; mais, au contraire, faire tous nos efforts pour produire un travail utile.

29ᵉ Leçon. — **Devoirs envers les animaux.**

Résumé. — Les animaux sont des êtres qui sentent comme nous, quelques-uns nous rendent des services importants. Ce sont les raisons pour lesquelles nous ne devons pas les faire inutilement souffrir. Nous devons en particulier être bons pour les animaux domestiques.

30ᵉ Leçon. — **Loi Grammont.**

Résumé. — Les animaux sentent et souffrent, nous devons donc être bons pour eux; notre sympathie doit surtout s'exercer en faveur des animaux domestiques, que la loi Grammont protège d'ailleurs contre les mauvais traitements.

V. — DEVOIRS ENVERS AUTRUI

31ᵉ Leçon. — **Le prochain. Justice et charité.**

Résumé. — Nous ne pouvons vivre qu'en société. Nous devons donc y remplir nos devoirs comme nous y exerçons nos droits. Ces devoirs sont résumés par ces deux maximes : Ne fais pas aux autres ce que tu ne voudrais pas qu'on te fît (justice). Fais aux autres ce que tu voudrais qu'il te fût fait (charité).

32ᵉ Leçon. — **Respect de la vie d'autrui.**

Résumé. — Nous devons respecter la vie de nos semblables et ne rien faire qui puisse la mettre en danger. Nous devons éviter les violences, les disputes et apporter, au contraire, toute la douceur possible dans nos rapports avec ceux qui nous entourent. Il n'y a d'exception que lorsque nous sommes en état de légitime défense, ou lorsque, soldats, nous combattons pour notre Patrie.

Le duel est condamnable.

33ᵉ Leçon. — **Respect de la liberté d'autrui.**

Résumé. — Respectons la liberté des autres comme nous voulons qu'ils respectent la nôtre. Il n'est permis à personne de ravir à quelqu'un sa liberté, sauf quand il s'agit de protéger la société contre les attentats des malfaiteurs.

34ᵉ Leçon. — **Respect du bien d'autrui.**

Résumé. — Notre propriété est le fruit de notre travail ou de celui de nos aïeux. Celui qui possède peut faire ce qu'il veut de son bien et le transmettre par héritage. La propriété doit être respectée. Le vol, quelle qu'en soit l'importance, est absolument condamnable.

35ᵉ Leçon. — **Respect de la réputation d'autrui.**

Résumé. — La bonne réputation est un bien précieux. Nous devons donc respecter la réputation du prochain. Nous ne devons pas rapporter par plaisir ce qui peut lui nuire et encore moins inventer des faits qui lui causeraient plus de tort. Évitons les bavardages inutiles et occupons-nous le moins possible de la conduite des autres.

36ᵉ Leçon. — **Respect des opinions et des croyances d'autrui.**

Résumé. — Nous devons respecter les opinions et les croyances de nos semblables. Nous pouvons chercher à les convaincre par la raison, mais non violenter leur conscience. La politesse que nous devons à tout le monde est une des formes du respect des opinions d'autrui.

37ᵉ Leçon. — **Bonté. Reconnaissance.**

Résumé — Soyons bons et charitables pour nos frères, ne faisons pas seulement l'aumône avec la main, faisons-la avec le cœur. Soyons reconnaissants envers ceux qui nous ont fait du bien et ne laissons pas l'ingratitude dessécher notre cœur.

38ᵉ Leçon. — **Fraternité.**

Résumé. — Ayons pitié des malheureux et venons leur en aide suivant notre pouvoir sans nous demander s'ils le méritent pleinement.

Mais cherchons, autant que possible, à relever ceux que nous secourons.

39ᵉ Leçon. — **Dévouement.**

Résumé. — Le dévouement ne calcule pas ; celui qui se dévoue se donne tout entier sans rien attendre en échange de son sacrifice. Dévouons-nous pour nos semblables, pardonnons les offenses reçues et rendons le bien pour le mal.

VI. — DEVOIRS ENVERS DIEU

40ᵉ Leçon. — **Idée de la divinité. Les religions.**

Résumé. — Dieu existe ; les merveilles de l'Univers en sont la preuve. Dieu a créé le monde et nous-mêmes par conséquent. Tous les biens dont nous jouissons c'est à lui que nous les devons. Il a droit à tout notre amour et à toute notre reconnaissance. C'est pour lui obéir que nous devons aimer tous les hommes, quelle que soit la manière dont ils le servent et l'adorent.

41ᵉ Leçon. — **La loi morale.**

Résumé. — La conscience est la manifestation de Dieu en nous. En lui obéissant, nous obéirons à Dieu et ce sera le meilleur moyen de montrer que nous aimons et que nous servons notre Créateur. L'homme de bien trouve une récompense immédiate dans la satisfaction que lui procure le devoir accompli.

COURS MOYEN (2ᵉ ANNÉE) ET COURS SUPÉRIEUR

I. — LA FAMILLE

1ʳᵉ Leçon. — Amour des parents pour leurs enfants.

Maxime. — Le premier devoir c'est d'être un bon fils.

Résumé. — La famille se compose essentiellement du père, de la mère et des enfants que l'affection la plus vive doit unir.

Le père est le chef de la famille.

Les parents donnent aux enfants tout ce qui leur est nécessaire pour devenir des hommes et des femmes dignes de ce nom.

Toute sa vie le père travaille avec énergie et courage pour ses enfants.

La mère leur donne des soins constants et assure le bien-être de la famille et le charme de la maison.

2ᵉ Leçon. — Devoirs des enfants envers leurs parents Reconnaissance, obéissance, confiance.

Maxime. — L'obéissance est la sauvegarde de l'enfance.

Résumé. — Nous devons être reconnaissants envers nos parents pour tout le bien qu'ils nous font.

La reconnaissance nous fait un devoir de leur obéir même quand nous sommes devenus grands.

Cette obéissance doit être immédiate, joyeuse, empressée, et nous devons toujours nous conduire comme s'ils nous voyaient agir.

Nous devons avoir une confiance pleine et entière en nos parents qui ne nous commandent que ce qui nous est bon.

3ᵉ Leçon. — Respect des parents.

Maxime. — Honore ton père et ta mère.

Résumé. — La loi civile et la loi morale nous commandent d'avoir pour nos parents respect et déférence.

La familiarité dans laquelle nous vivons avec eux n'atténue en rien la rigueur de cette obligation.

Ce respect doit se manifester de toutes les manières et dans toutes les conditions. Si nous parvenons à une situation plus élevée que celle d'où nous sommes partis, nous n'en devons que plus honorer nos père et mère; car c'est à eux, au fond, que nous devons cette situation.

Le respect que les enfants ont pour leurs parents contribue au bonheur de la famille et lui assure l'estime et la considération publique.

4° Leçon. — **Amour filial, secours, assistance.**

Maxime. — L'amour filial se compose de respect, de reconnaissance, de tendresse et de dévouement.

Résumé. — Aimer ses parents est pour l'enfant le devoir fondamental d'où tous les autres découlent.

L'enfant doit ressentir et manifester cet amour toujours et partout, et rendre à ses parents tous les services qui sont en son pouvoir. Qand il est jeune, ce sont de petits services, rendus surtout dans la maison. A mesure qu'il grandit, ces services deviennent plus importants.

Lorsque les parents sont âgés, malades ou infirmes, privés de ressources, le devoir des fils et des filles est de travailler pour eux et d'assurer leur subsistance.

Ceux qui se montreraient assez ingrats pour ne pas remplir ce devoir y seraient contraints par la loi.

5° Leçon. — **Devoirs envers les grands-parents et les vieillards.**

Maxime. — Estime la maison où la vieillesse est honorée.

Résumé. — Nous avons envers nos grands-parents les mêmes devoirs qu'envers nos parents; nous devons surtout les aimer, les respecter, les servir.

Car nos grands-parents ont fait pour nos parents ce que ceux-ci font pour nous. Nous avons donc, nous aussi, une dette de reconnaissance à acquitter envers eux.

Nous devons également respecter et honorer tous les vieillards et nous garder comme d'une très vilaine action de tourner en ridicule leurs infirmités et leur faiblesse.

La loi fait aux petits-enfants un devoir strict d'assister leurs grands-parents lorsqu'ils sont dans le besoin.

6e Leçon. — Devoirs réciproques des frères et des sœurs.

Maxime. — Un frère est un ami donné par la nature.

Résumé. — Les frères et sœurs doivent s'aimer réciproquement comme ils sont aimés par leurs parents. Ils doivent étouffer à sa naissance tout sentiment de jalousie.

Ils doivent, par suite, vivre en paix les uns avec les autres et éviter les discussions dont les conséquences peuvent être fatales à l'amour fraternel.

Les aînés doivent protéger et aider les plus jeunes ; la sœur aînée doit remplacer la mère auprès de ses petits frères et sœurs, et ceux-ci doivent avoir pour leurs aînés de la déférence et de la docilité.

Les frères doivent montrer une grande douceur envers leurs sœurs, et avoir pour elles des égards constants.

Enfin, les aînés doivent toujours donner le bon exemple aux plus jeunes qui se modèlent sur eux.

7e Leçon. — Devoirs envers les parents en général.

Maxime. — L'union fait la force.

Résumé. — Nous devons aimer nos oncles, nos tantes et nos autres parents comme ceux qui nous tiennent de plus près.

Nous devons traiter comme des frères et des sœurs nos cousins et nos cousines.

Si la mort nous prive de nos parents, nos sentiments d'affection pour celui qui devient notre tuteur ne peuvent qu'augmenter.

C'est surtout aux enfants qu'incombe le soin d'entretenir de bonnes relations par correspondance avec les membres de la famille qui habitent au loin. On doit accomplir ce devoir avec plaisir.

Nous devons faire tous les efforts possibles pour que notre famille soit honorée et respectée et éviter l'égoïsme auquel l'esprit de famille mal compris peut conduire.

8e Leçon. — **L'amitié**.

Maxime. — L'amitié est une fraternité.

Résumé. — Nous devons aimer comme de véritables parents les amis que nous avons choisis.

Nous devons nous réjouir de leur bonheur, les consoler dans leurs chagrins, les aider dans le besoin.

Il ne faut pas se lier légèrement, car l'amitié doit durer toute la vie.

Celui qui se conduit mal n'a pas de véritables amis; si donc nous voulons en avoir, nous devons ne faire que ce qui est bien.

9e Leçon. — **Devoirs envers les serviteurs**.

Maxime. — Les bons maîtres font les bons serviteurs.

Résumé. — Les domestiques font partie de la famille qui leur doit une partie de sa prospérité.

Les maîtres doivent être polis envers leurs serviteurs et ne leur donner que des ordres raisonnables.

Ils doivent aussi être bons pour eux, et faire tout ce qui est possible pour adoucir la rigueur de leur condition.

Les maîtres ont surtout le devoir d'être justes, de payer exactement à leurs domestiques ce qui leur est dû et de ne pas exiger d'eux, soit un travail excessif, soit des actes contraires à leur dignité morale.

Les enfants, plus que personne, doivent se montrer cordialement polis à l'égard des domestiques et s'abstenir de les taquiner ou de les commander.

10e Leçon. — **Devoirs des serviteurs**.

Maxime. — Rends à chacun ce qui lui est dû.

Résumé. — Les domestiques doivent être polis, respectueux et obéissants envers leurs maîtres.

Ils doivent travailler consciencieusement pour ceux qui les emploient et prendre leurs intérêts. Ils justifient ainsi la confiance dont ils sont l'objet.

Ils doivent s'attacher à la famille dans laquelle ils sont entrés et dont ils font partie en quelque sorte, aimer tous ses membres et au besoin se dévouer pour eux.

Ils doivent rester le plus longtemps possible dans la même

place ; ils y auront du profit et y gagneront l'estime et la considération de ceux qui les entourent.

II. — L'ÉCOLE

11ᵉ Leçon. — **Assiduité, application de l'écolier.**

Maxime. — La science est une richesse dont l'homme prévoyant doit toujours se munir.

Résumé. — Après nous avoir donné la vie, nos parents cherchent à faire de nous des hommes instruits et bien élevés et, dans ce but, ils nous envoient à l'école où l'instituteur nous prodigue ses soins et ses conseils.

Les écoles sont aujourd'hui bien plus nombreuses et mieux installées qu'autrefois.

Les écoliers doivent aimer leur école et s'y rendre avec régularité pour reconnaître les sacrifices que font pour eux leur famille et leur patrie.

En classe, ils doivent être attentifs aux leçons du maître et appliqués à leurs devoirs.

12ᵉ Leçon. — **Respect des maîtres, obéissance, reconnaissance.**

Maxime. — Celui qui instruit est un second père.

Résumé. — En chargeant l'instituteur du soin de nous instruire, nos parents et l'État lui donnent, sur nous, une autorité que nous devons respecter. Notre devoir et notre intérêt à la fois nous le commandent ; car sans l'instruction reçue à l'école nous ne serions jamais que de pauvres ignorants.

Nous devons également aimer notre maître, lui obéir et lui témoigner notre reconnaissance : car il se charge d'une tâche souvent pénible en acceptant de nous instruire et de faire de nous des hommes utiles et de bons citoyens.

13ᵉ Leçon. — **Affection pour les camarades.**

Maxime. — L'école est une famille et tous les enfants doivent y être comme des frères.

Résumé. — On travaille mieux quand on est entouré

d'affection : les élèves d'une même classe doivent donc s'aimer comme des frères. C'est par cet amour qu'ils acquerront les vertus qu'ils devront pratiquer dans la société quand ils seront grands.

Les écoliers les plus vigoureux, les plus intelligents, doivent à ceux qui sont moins favorisés aide et protection.

Tous doivent se supporter mutuellement et céder de bon cœur, au lieu de vouloir toujours commander. La confiance mutuelle, la bonne harmonie découleront, naturellement de ces concessions, de ces petits sacrifices.

14e Leçon. — **Émulation, envie, jalousie, délation.**

Maxime. — La véritable émulation, c'est l'émulation avec soi-même.

Résumé. — L'émulation est le désir qui nous pousse à faire mieux que les autres. C'est une ambition louable. Mais il n'y faut point d'excès.

Elle ne doit pas dégénérer en envie et en jalousie ; car ce sont deux vilains défauts.

Les envieux et les jaloux se préparent une vie malheureuse.

Ils deviennent souvent hypocrites et lâches.

Le délateur, le rapporteur, est en train de devenir un traître ; aussi tout le monde se détourne-t-il de lui dès qu'il est connu.

15e Leçon. — **Éducation après l'école.**

Maxime. — Ta destinée fût-elle de vivre cent ans, apprends toujours.

Résumé. — Nous devons chercher sans cesse à nous perfectionner et à augmenter notre savoir.

Il faut pour cela que nous fréquentions les personnes expérimentées et de bon conseil ;

Que nous conversions souvent avec celles qui sont plus instruites que nous ;

Que nous nous procurions de bons livres dans les bibliothèques que nous pouvons avoir à notre disposition, et que nous les lisions avec soin.

Enfin notre devoir et notre intérêt nous commandent de rester en bons rapports avec notre instituteur et de fréquenter les cours d'adultes où nous compléterons notre instruction.

III. — LA PATRIE

16e Leçon. — **Grandeur et malheurs de la patrie.**

Maxime. — Il n'y a point d'honnêteté réelle sans patriotisme.

Résumé. — Notre patrie, c'est la terre où sont nés nos parents et où nous sommes nés nous-mêmes. C'est une grande famille de tous les citoyens qui ont la même histoire, les mêmes aspirations et qui obéissent aux mêmes lois.

Nous devons aimer la Patrie comme nous aimons nos parents, c'est-à-dire plus que nous-mêmes.

Les malheurs que la Patrie a subis doivent augmenter en nous cet amour. Nous ne devons jamais désespérer d'elle.

Nous devons un respect profond au drapeau, symbole de la Patrie.

Le patriotisme est un devoir; mais il ne doit pas dégénérer en chauvinisme.

17e Leçon. — **L'État et les citoyens.**

Maxime. — Le citoyen seul a une patrie.

Résumé. — L'État républicain est constitué par la volonté de tous les citoyens.

L'État doit faire de bonnes lois et veiller à leur stricte et impartiale application.

Il doit maintenir l'intégrité de la Patrie, favoriser son développement et sa prospérité et garantir à tous les citoyens l'exercice de leurs droits.

Les citoyens doivent exercer ces droits avec modération, aimer leurs compatriotes et travailler aussi de toutes leurs forces à la prospérité de la Patrie.

18e Leçon. — **Obéissance aux lois.**

Maxime. — Il faut que force reste à la loi.

Résumé. — La loi, de quelque nature qu'elle soit, est la manifestation la plus élevée de la souveraineté nationale.

Toutes les lois doivent être obéies, sans quoi la société

serait perdue. C'est notre devoir et notre intérêt de les observer rigoureusement.

Nous devons aussi les respecter si nous voulons être dignes de la liberté, et nous devons également respecter ceux qui sont chargés de les faire ou de les appliquer.

Ceux qui n'obéissent pas à la loi s'exposent à des châtiments, qui sont infligés aux coupables au nom de la nation.

19e Leçon. — **L'impôt**.

Maxime. — Le paiement de l'impôt est un devoir.

Résumé. — L'impôt est à la fois nécessaire et légitime. En le payant, nous rendons à la société une partie des bienfaits que nous recevons d'elle et nous contribuons à assurer l'existence de l'État. Nous devons payer l'impôt avec régularité afin de rendre possible le bon fonctionnement de nos institutions.

Nous devons payer sans gémir, ni récriminer, car les avantages dont nous jouissons sont très supérieurs aux sacrifices qui nous sont demandés.

Nous ne devons pas chercher à échapper à l'impôt qui est à notre charge; la fraude et la contrebande sont de véritables vols.

20e Leçon. — **Le service militaire**.

Maxime. — A cœur vaillant, rien d'impossible.

Résumé. — Être soldat était autrefois un métier payé.

La conception moderne de la Patrie a fait du service militaire un devoir noble entre tous.

Nous devons accomplir ce devoir avec joie et fierté et ne rien faire pour nous y soustraire. Le soldat doit se soumettre sans murmurer aux exigences et aux rigueurs de la discipline militaire en temps de paix, et, en temps de guerre, se montrer confiant et courageux; car la confiance et le courage sont les deux vertus militaires par excellence, celles qui assurent aux armées la victoire; au pays, le salut.

21e Leçon. — **Le vote**.

Maxime. — La volonté de la nation est l'unique source de l'autorité.

Résumé. — Le droit de vote permet à celui qui l'exerce d'intervenir dans le gouvernement du pays.

Ce droit, qui est très important, doit être exercé toutes les fois que l'État le demande. L'abstention est une désertion. Ne pas voter, c'est se conduire comme un étranger indifférent à la prospérité de la patrie.

C'est être ingrat envers nos pères qui nous ont dotés du suffrage universel.

Mais il faut voter librement, en connaissance de cause, et sans se laisser influencer par les promesses ni intimider par les menaces.

Les élus doivent respecter les électeurs et remplir fidèlement le mandat qui leur a été confié.

22e Leçon. — **L'obligation scolaire.**

Maxime. — L'ignorance toujours mène à la servitude.

Résumé. — La nécessité de bien voter nous fait un devoir d'être éclairés.

Pour le devenir, il faut s'instruire.

La sûreté et l'intérêt de la Patrie demandent aussi que les citoyens soient éclairés. C'est pourquoi l'État a établi l'instruction obligatoire, et mis des écoles gratuites à la portée de tous.

Nous devons être reconnaissants à ceux qui ont établi l'instruction obligatoire, et en profiter de notre mieux.

Les parents doivent envoyer régulièrement leurs enfants à l'école pour en faire des citoyens instruits, honnêtes et capables de bien servir la Patrie.

IV. — DEVOIRS ENVERS SOI-MÊME

23e Leçon. — **Dignité personnelle. Le corps.**

Maxime. — Être sobre n'est pas une grande vertu, mais c'est un grand défaut de ne pas l'être.

Résumé. — Le respect de notre propre dignité nous impose deux sortes de devoirs : les uns envers notre corps, les autres envers notre âme.

Nous devons, autant que cela dépend de nous, conserver

notre corps en bonne santé et suivre pour cela les règles de l'hygiène. La première concerne la propreté.

Nous devons être sobres, tempérants et ne point rechercher les plaisirs grossiers. Par conséquent, il faut boire et manger suivant nos besoins et éviter avec soin toute espèce d'excès dont les conséquences seraient très graves.

Nous devons enfin fortifier notre corps par l'exercice, afin de l'avoir constamment à notre service pour le bien.

24e Leçon. — **L'âme. La sensibilité**.

Maxime. — Contentement passe richesse.

Résumé. — Nous devons nous connaître nous-mêmes pour développer nos facultés et pour combattre nos défauts.

Nous devons être modérés dans nos désirs, éviter l'orgueil; être, au contraire, modestes et justes pour nos semblables.

Nous devons combattre en nous la jalousie, étouffer la haine, et aimer nos semblables.

Cet amour nous fera supporter leurs défauts avec patience et nous empêchera de nous laisser jamais dominer par la colère, qui « est une mauvaise conseillère ».

25e Leçon. — **L'intelligence. La vérité. Respect de la parole donnée**.

Maxime. — Toujours par quelque endroit les fourbes se laissent prendre.

Résumé. — Nous devons le devoir de développer notre intelligence afin de connaître de plus en plus la vérité et d'affranchir notre esprit des préjugés et des superstitions que l'ignorance entretient.

Nous devons être sincères envers les autres, et ne jamais mentir.

Nous devons surtout être fidèles à nos engagements, et éviter de les prendre à la légère afin de pouvoir les tenir.

26e Leçon. — **La volonté et le courage**.

Maxime. — Le monde appartient à l'énergie.

Résumé. — Il faut apprendre à vouloir et acquérir la force d'âme nécessaire pour faire le bien.

Il faut avoir le courage de supporter patiemment les douleurs physiques, de résister à nos passions et à nos mauvais instincts, et de persévérer dans le bien.

Remplissons avec énergie nos devoirs sociaux et nos devoirs militaires. Soyons héroïques, s'il le faut, mais non téméraires.

Enfin, cherchons par tous les moyens notre perfectionnement et travaillons de toutes nos forces à amener le règne de la justice sur la terre.

27ᵉ Leçon. — **La prudence.**

Maxime. — L'avarice perd tout en voulant trop gagner.

Résumé. — Nous devons être prudents et réfléchir aux conséquences de nos actes.

C'est aussi un devoir d'être prévoyant, afin de ne point se trouver sans ressources.

Si nous sommes prévoyants, nous aurons de l'ordre, nous économiserons et nous ferons un bon emploi de notre épargne. Nous ne serons point avares.

Nous fuirons les dettes et la prodigalité, et nous ne nous laisserons jamais dominer ni envahir par la funeste passion du jeu.

28ᵉ Leçon. — **Nécessité et noblesse du travail.**

Maxime. — On se lasse de tout, excepté du travail.

Résumé. — C'est le travail qui nous permet de faire des économies et de résister aux funestes tentations qui assaillent les paresseux.

Le travail auquel on se livre peut être intellectuel ou manuel.

Le travail nous élève au-dessus des bêtes, c'est à lui que nous devons la civilisation et tous les avantages qui en résultent pour chacun de nous.

Le travail est noble et digne de respect.

Tout le monde doit travailler, sous peine de déchoir.

29ᵉ Leçon. — **Devoirs envers les animaux.**

Maxime. — A qui mal fait, mal arrive.

Résumé. — L'homme a le droit de se servir des animaux

pour la satisfaction de ses besoins, mais il ne doit pas les faire inutilement souffrir.

Les animaux dont nous nous nourrissons, et même les animaux nuisibles, que notre intérêt nous commande de détruire, ne doivent pas être martyrisés.

Nous devons non seulement éviter la cruauté envers les animaux domestiques, mais être bons pour eux en reconnaissance des services qu'ils nous rendent.

30ᵉ Leçon. — **Loi Grammont.**

Maxime. — Plus fait douceur que violence.

Résumé. — Nous ne devons pas demander aux animaux domestiques un travail au-dessus de leurs forces ni les traiter avec cruauté pour les contraindre.

La société a le droit d'empêcher ces cruautés et elle s'honore en le faisant. Tel est le principe de la loi Grammont que nous devons respecter.

Pour nous y habituer tout enfants, nous devons être membres actifs et zélés des sociétés agricoles qui protègent les animaux utiles, en général, et les oiseaux en particulier.

V. — DEVOIRS ENVERS AUTRUI

31ᵉ Leçon. — **Le prochain. Justice et charité.**

Maxime. — Tu aimeras ton prochain comme toi-même.

Résumé. — Il nous serait difficile et douloureux de vivre seuls; nous avons besoin de l'aide, de l'appui de notre prochain, c'est-à-dire de nos semblables.

Nous devons rendre à nos semblables les mêmes services que nous recevons d'eux et, tout d'abord, les aimer comme nous-mêmes.

Nous devons être justes pour les autres, c'est-à-dire ne point leur faire ce que nous ne voudrions pas qu'il nous fût fait.

Notre conscience nous commande en outre d'être charitables, c'est-à-dire de faire aux autres ce que nous voudrions qu'il nous fût fait.

32ᵉ Leçon. — **Respect de la vie d'autrui.**

Maxime. — La vie de l'homme est sacrée.

Résumé. — Nous devons respecter la vie de nos semblables et ne rien faire qui puisse les mettre en danger. Nous devons éviter la violence, les disputes et mettre au contraire toute la douceur possible dans nos rapports avec ceux qui nous entourent.

Les seules exceptions sont les cas où nous sommes injustement attaqués ou lorsque nous défendons notre patrie comme soldats.

La société a le droit de supprimer ceux qui par leurs crimes ont compromis la sûreté générale.

Le duel est condamnable, et ce n'est que rarement et comme par hasard qu'il assure le triomphe du droit.

33ᵉ Leçon. — **Respect de la liberté d'autrui.**

Maxime. — La liberté est aussi précieuse que la vie.

Résumé. — Nous devons respecter chez les autres la liberté, qui est le signe de la dignité humaine.

L'esclavage et le servage, qui suppriment la liberté, sont condamnables. Il n'est pas digne d'une nation civilisée de tolérer l'esclavage dans ses possessions.

Ceux qui ont autorité sur les autres ne doivent pas abuser de cette autorité pour exiger de leurs subordonnés des actes contraires à la justice et à la dignité humaine.

La société a le droit de supprimer la liberté de ceux qui par leurs actes mettent en danger leurs semblables.

34ᵉ Leçon. — **Respect des biens d'autrui.**

Maxime. — Tu ne déroberas point.

Résumé. — Le travail est la source de la propriété. Celle-ci est donc légitime. Nous pouvons céder et transmettre ce que nous possédons.

Les atteintes contre la propriété constituent le vol sous ses diverses formes, qui sont toutes condamnables. Il n'y a pas de petit vol.

La fraude, la déloyauté en affaires, sont de véritables vols. Il en est de même de l'inexécution des contrats et promesses.

Il n'est pas d'excuse valable pour celui qui ne tient pas sa parole.

35ᵉ Leçon. — **Respect de la réputation d'autrui.**

Maxime. — Il faut parler des gens comme si on leur parlait.

Résumé. — La bonne réputation est la plus noble et la plus précieuse des propriétés et chacun tient à la conserver pour la transmettre intacte à ses enfants.

Il ne faut donc point porter atteinte à la réputation d'autrui, car c'est commettre un vol vil et lâche.

Le médisant qui rapporte avec satisfaction ce qui peut nuire à son prochain doit être fui et méprisé.

A plus forte raison le calomniateur doit-il l'être aussi. Pour n'être ni médisants ni calomniateurs, évitons autant que possible de parler des autres et surtout d'en dire du mal.

36ᵉ Leçon. — **Respect des opinions et des croyances d'autrui.**

Maxime. — Les opinions sont libres.

Résumé. — Notre pensée, nos opinions, nos croyances nous appartiennent; et, si elles ne sont point immuables, du moins ne voulons-nous les modifier qu'après être convaincus. Nous repoussons avec indignation toute atteinte portée par la violence à notre liberté de penser et de croire.

Nous devons être nous-mêmes tolérants et respecter les opinions d'autrui.

Les persécutions dans le domaine de la pensée sont d'autant plus révoltantes qu'elles sont impuissantes.

37ᵉ Leçon. — **Bonté. Reconnaissance.**

Maxime. — Il faut autant qu'on peut obliger tout le monde.

Résumé. — Nous devons faire à nos semblables tout le bien qui est en notre pouvoir.

Nous devons d'abord les croire bons et les aimer.

Nous devons ensuite les protéger, les aider matériellement et moralement, les consoler dans la douleur, « pleurer avec ceux qui pleurent ». Il faut que toujours la charité, c'est-à-dire l'amour, accompagne l'aumône.

Nous devons une profonde reconnaissance à ceux qui nous ont obligés. L'ingratitude est odieuse.

38ᵉ Leçon. — **Fraternité.**

Maxime. — En ce monde, il se faut l'un l'autre secourir.

Résumé. — Ayons pitié des malheureux et venons à leur aide suivant notre pouvoir sans nous demander s'ils le méritent pleinement.

Mais cherchons autant que possible à relever de leur déchéance ceux sur qui s'exerce notre charité. La meilleure assistance est l'assistance par le travail.

Contribuons suivant nos moyens et nos ressources à l'entretien des établissements charitables qui recueillent ceux qui sont privés des moyens de pourvoir à leur subsistance.

39ᵉ Leçon. — **Dévouement.**

Maxime. — Le cœur doit faire la charité quand la main ne le peut.

Résumé. — L'amour de nos semblables peut exiger de nous de grands sacrifices. Nous ne devons pas hésiter à les accomplir. Rien n'est si beau que le dévouement.

Nous pouvons nous dévouer sans éclat, mais non sans mérite, par l'accomplissement scrupuleux de tous nos devoirs, même des plus humbles.

Nous ne devons pas être vindicatifs, mais au contraire pardonner les injures et rendre le bien pour le mal.

Quand nous serons soldats, nous remplirons tout notre devoir en nous dévouant pour la patrie.

VI. — DEVOIRS ENVERS DIEU

40ᵉ Leçon. — **Idée de la divinité. Les religions.**

Maxime. — Tu aimeras le Seigneur ton Dieu de tout ton cœur, de toute ton âme et de toute ta pensée.

Résumé. — Dieu existe; les merveilles de l'Univers en sont la preuve.

Dieu a créé le monde et nous-mêmes par conséquent. Tous les biens dont nous jouissons, c'est à lui que nous les devons. Il a droit à tout notre amour et à toute notre reconnaissance. C'est pour lui obéir que nous devons aimer tous les hommes, quelle que soit la manière dont ils le servent et l'adorent.

41ᵉ Leçon. — **La loi morale.**

Maxime. — La plus noble question du monde est celle-ci : Quel bien puis-je faire ?

Résumé. — La conscience est la manifestation de Dieu en nous. En lui obéissant, nous obéirons à Dieu, et ce sera le meilleur moyen de montrer que nous aimons et que nous servons notre créateur. L'homme de bien trouve une récompense immédiate dans la satisfaction que lui procure l'accomplissement du devoir.

INSTRUCTION CIVIQUE

I. — LA COMMUNE

1re Leçon. — **La commune.**

Résumé. — La commune est la plus petite des divisions administratives du territoire français. Chaque commune représente à peu près comme limites et étendue une des communautés de l'ancienne France. Comme les anciennes communautés, les 36 000 communes actuelles sont très inégales entre elles en superficie et en population. Les habitants de la commune doivent l'aimer et faire tout ce qui dépend d'eux pour qu'elle soit prospère et bien administrée.

2e Leçon. — **Organisation de la commune.**

Résumé. — Le peuple a toujours aspiré à la liberté et, malgré des éclipses longues et fréquentes, ce sentiment n'a jamais entièrement disparu. C'est lui notamment qui, au douzième siècle, provoqua le mouvement d'où sont issues les communes. Ce mouvement gagna les campagnes après les villes. Cependant, au douzième siècle, les habitants des communautés rurales étaient encore opprimés de toutes les manières et souvent livrés à l'arbitraire C'est la Révolution qui les a définitivement affranchis. Les électeurs de la commune actuelle élisent un conseil municipal qui, à son tour, choisit un maire et un ou plusieurs adjoints. C'est le conseil, le maire et les adjoints que la loi a chargés de l'administration de la commune en fixant avec précision le rôle de chacun d'eux.

3e Leçon. — **Le conseil municipal et le maire.**

Résumé. — Les délibérations du conseil municipal sont publiques. Le maire les préside et les dirige. Elles portent sur toutes les questions qui intéressent la commune. Le conseil tient quatre *sessions* par an. C'est dans la session de mai que le conseil s'occupe des finances communales et règle le budget des recettes et des dépenses de l'année.

Le maire a le soin permanent des intérêts communaux. Il veille à la bonne exécution des décisions prises par le conseil, mais il peut être aidé et suppléé dans ses fonctions par un ou plusieurs adjoints.

4e Leçon. — **L'état civil.**

Résumé. — Les mariages qui sont célébrés dans la commune, les naissances qui y ont lieu, les décès qui s'y produisent sont inscrits en double sur des registres en papier timbré dont le maire a la garde et qu'on appelle registres de l'état civil.

Tous les actes qui sont inscrits sur ces registres doivent être établis devant témoins, d'après les déclarations des intéressés et dans un délai fixé par la loi.

Les actes de l'état civil sont très importants : on ne saurait donc apporter trop de soin à fournir à l'officier chargé de leur rédaction tous les renseignements qui lui sont indispensables pour les dresser avec exactitude et précision.

II. — LE DÉPARTEMENT

5e Leçon. — **Origine et étendue du département.**

Résumé. — Les habitants des anciennes provinces étaient séparés par de véritables frontières. Ils avaient des mœurs différentes et des intérêts séparés. De là naissaient souvent des rivalités funestes.

La division en départements a eu pour but et pour résultat d'unifier toutes ces divergences et de faire de tous les Français une nation, un peuple.

Les départements ont pourtant leur vie propre ; ils peuvent posséder, aliéner leurs propriétés ou en acquérir d'autres; ils ont des recettes et font des dépenses qui figurent les unes et les autres sur le budget dressé chaque année par l'administration départementale.

6e Leçon. — **Le préfet.**

Résumé. — De même que les départements ont remplacé les provinces, l'ancien intendant, dont l'autorité était excessive et sans contrôle, a été remplacé par le préfet, qui représente dans le département le gouvernement tout entier. Il est nommé par le président de la République sur la proposition du ministre de l'Intérieur; mais il correspond avec tous les ministres. Il est ainsi associé à la solution de toutes les affaires. Ses attributions sónt très étendues et très variées, et c'est à lui que doivent être adressées les réclamations et pétitions.

Il est suppléé par le secrétaire général, qui surveille spécialement dans les bureaux de la préfecture la bonne expédition des affaires.

7e Leçon. — **Conseil général et conseil de préfecture.**

Résumé. — Le conseil général est formé de membres élus à raison de un par canton. Les conseils généraux ont deux sessions ordinaires par an : avril et août. C'est dans cette dernière que le budget des recettes et des dépenses est dressé. Le conseil général s'occupe de beaucoup d'affaires, et en particulier de celles qui intéressent le département. Dans l'intervalle des sessions, il est suppléé par la commission départementale, qu'il nomme lui-même et qui se réunit tous les mois.

Le conseil de préfecture est formé de trois ou quatre membres nommés par décret. C'est une espèce de tribunal administratif. Il juge les contestations électorales qui se produisent dans les communes et les difficultés qui s'élèvent entre les administrations publiques et les entrepreneurs qu'elles emploient.

8e Leçon. — **L'arrondissement.**

Résumé. — L'arrondissement n'est pas une personne morale; il constitue une circonscription financière, judiciaire et administrative dans laquelle se trouvent des représentants de presque tous les services publics.

Le sous-préfet, nommé par le ministre de l'Intérieur, est placé sous les ordres du préfet. Il sert d'intermédiaire entre les communes et le préfet et a quelques attributions personnelles.

Le conseil d'arrondissement répartit les contributions directes entre les diverses communes, il donne son avis sur certaines questions intéressant l'arrondissement et peut émettre des vœux.

9e Leçon. — **Le canton**.

Résumé. — Les cantons sont en nombre très inégal dans l'arrondissement et dans le département. Ils sont aussi très inégaux entre eux au point de vue du nombre de communes qu'ils renferment. Les grandes villes qui forment une seule commune se divisent en plusieurs cantons.

Le canton n'est pas une division administrative, mais une circonscription judiciaire, financière, militaire et électorale. Chaque canton a un juge de paix, un ou plusieurs percepteurs, un agent des ponts et chaussées et souvent un receveur de l'enregistrement. C'est là que la brigade de gendarmerie se trouve et que les conscrits tirent au sort et passent devant le conseil de revision.

Chaque canton nomme un conseiller général et un ou plusieurs conseillers d'arrondissement.

Enfin il y a plusieurs délégués cantonaux chargés de visiter les écoles primaires.

III. — LE GOUVERNEMENT ET L'ADMINISTRATION

10e Leçon. — **Nécessité d'un gouvernement.**
La constitution.

Résumé. — Il n'est pas de société possible sans gouvernement. Le rôle de celui-ci est d'assurer à chaque citoyen l'exercice de ses droits.

Avant la Révolution, le gouvernement était exercé par le roi, qui avait un pouvoir absolu. Sa volonté et son bon plaisir étaient la loi. Le fonctionnement du gouvernement est réglé par la Constitution. La première Constitution a été établie en 1791 par l'Assemblée nationale. Depuis cette époque, la Constitution a été modifiée chaque fois que la France a eu un gouvernement nouveau. La Constitution qui nous régit actuellement est celle de 1875.

11e Leçon. — **Les trois pouvoirs de l'État.**

Résumé. — La Constitution de 1875 a été établie par l'Assemblée élue après la chute du second Empire. Cette Constitution a été l'objet de plusieurs révisions et modifications. Elle consacre la séparation des grands pouvoirs de l'État : pouvoir législatif, pouvoir exécutif et pouvoir judiciaire, comme l'ont fait toutes les Constitutions de la France depuis la Révolution de 1789. Elle donne le pouvoir exécutif à un Président de la République; le pouvoir législatif à un Sénat et à une Chambre des députés, tous deux issus à divers degrés du suffrage universel.

12e Leçon. — **Président, sénateurs et députés.**

Résumé. — Les députés sont élus pour quatre ans au suffrage direct par tous les électeurs de leur circonscription électorale. Pour être élu député, il faut d'abord être électeur et être âgé de vingt-cinq ans au moins.

Les sénateurs sont élus pour neuf ans par un suffrage à deux degrés. Les électeurs qui nomment le Sénat sont les sénateurs et députés, les conseillers généraux et les conseillers d'arrondissement, les délégués des conseils municipaux du département. Nul ne peut être élu sénateur, s'il n'est électeur lui-même et s'il n'a quarante ans au moins.

Le président de la République est élu pour sept ans par une assemblée formée par tous les sénateurs et tous les députés réunis en congrès à Versailles.

Les députés et les sénateurs font les lois et en particulier la loi des finances ou budget des recettes et des dépenses.

Le président de la République promulgue les lois et, par les ministres qu'il choisit, veille à leur exécution. Il signe les traités et déclare la guerre, le tout avec l'assentiment des Chambres.

13e Leçon. — **Pouvoir législatif.**

Résumé. — Le pouvoir législatif est exercé en France par la Chambre des députés et le Sénat qui représentent la nation et qui font la loi en son nom.

Chaque loi est étudiée article par article par chaque Chambre, et ce n'est que lorsque les deux Chambres sont d'accord sur le texte de la loi que celle-ci est promulguée par le Président de la République.

Après sa promulgation, la loi est exécutoire dans toute la France.

L'origine même de la loi lui donne sa grandeur et sa force et montre que nul ne peut se dispenser de l'observer.

Des décrets rendus par le Président de la République expliquent et complètent le texte voté par les législateurs.

14ᵉ Leçon. — Conseil d'État.

Résumé. — Le Conseil d'État, dont l'institution remonte au gouvernement du Consulat (an VIII) a des attributions étendues. Les membres qui le composent sont nombreux et s'occupent à la fois de questions contentieuses et de questions législatives.

Ils préparent pour le compte du gouvernement des projets de loi sur tout ordre de matières ; et, après la promulgation, des décrets et des règlements pour l'application de ces lois.

15ᵉ Leçon. — Pouvoir exécutif. Responsabilité ministérielle.

Résumé. — Le pouvoir exécutif est exercé par le président de la République aidé des ministres qu'il choisit.

Lorsque le président de la République doit constituer un ministère, il charge le personnage politique qui lui paraît indiqué par le vote des Chambres de faire les démarches nécessaires.

Les ministres sont solidaires, et responsables devant les Chambres. Ils ne peuvent rester au pouvoir qu'autant qu'ils ont la confiance du Parlement.

Les ministres remplissent des fonctions politiques, à la Chambre et au Sénat et des fonctions administratives, à la tête des services dont ils sont chargés. Le nombre des ministères, qui n'est point fixé par la Constitution, s'élève actuellement à onze, savoir :

1° Intérieur ; 2° Justice et Cultes ; 3° Instruction publique et Beaux-Arts ; 4° Guerre ; 5° Marine ; 6° Colonies ; 7° Finances, Postes et Télégraphes ; 8° Travaux publics ; 9° Commerce et industrie ; 10° Agriculture ; 11° Affaires étrangères.

16ᵉ Leçon. — **Ministère de l'Intérieur.**

Résumé. — Les ministres délibèrent sous la présidence du Chef de l'État ou sous la présidence de celui d'entre eux qui a été chargé de constituer le cabinet.

Le ministre de l'Intérieur est chargé de l'administration des départements et des communes. C'est lui qui s'occupe des élections politiques, qui choisit et dirige les préfets, sous-préfets, secrétaires généraux et conseillers de préfecture.

Au ministère de l'Intérieur sont rattachés les importants services de la police, de l'assistance publique, des prisons.

C'est le ministre de l'Intérieur qui dirige l'administration générale de l'Algérie.

IV. — LA JUSTICE

17ᵉ Leçon. — **La justice.**

Résumé. — Les Assemblées de la Révolution ont remplacé la législation de l'ancien régime, confuse et fort différente, suivant les pays, par un Code unique de lois tant civiles que pénales, communes à tout le territoire.

La vénalité des charges judiciaires a été remplacée par la nomination des juges par le pouvoir exécutif.

Le ministre de la Justice, ou Garde des Sceaux, est chargé de diriger le personnel des cours et tribunaux dans lesquels la justice est rendue. Ces cours et tribunaux sont de différents ordres, savoir : les justices de paix, les tribunaux de première instance, les cours d'appel, les cours d'assises et la cour de cassation.

18ᵉ Leçon. — **Officiers ministériels.**

Résumé. — Bien qu'en France tout le monde soit censé connaître la loi, il serait souvent fort difficile aux particuliers de se diriger dans les différents textes qui peuvent les intéresser. Il existe des officiers ministériels dont le rôle, défini par la loi, est de collaborer à son application.

Ce sont : les notaires qui dressent des actes ;

Les greffiers qui conservent les jugements rendus, les huissiers qui les signifient

Les avoués et les avocats qui représentent et défendent devant la justice les parties et leurs intérêts.

19ᵉ Leçon. — **Justice de paix et tribunal de première instance.**

Résumé. — S'il n'a pu concilier les adversaires, le juge de paix prononce entre eux, en dernier ou en premier ressort, suivant l'importance de la contestation.

Il juge les contraventions de simple police qui peuvent entraîner une amende de quinze francs au plus et un emprisonnement de un à cinq jours.

Le tribunal de première instance juge sans appel possible les affaires civiles jusqu'à quinze cents francs, et, en premier ressort, celles qui dépassent ce chiffre.

Il prononce, au point de vue correctionnel, sur les appels portés devant lui et sur la plupart des délits.

Les juges correctionnels sont assistés du ministère public dont le rôle est de requérir l'application de la loi.

20ᵉ Leçon. — **La Cour d'assises.**

Résumé. — Les crimes sont déférés à la cour d'assises qui se réunit quatre fois par an dans tous les départements.

Chaque cour d'assises comprend essentiellement un président, membre de la cour d'appel du ressort, deux assesseurs, le ministère public et douze jurés tirés au sort sur une liste dressée d'avance tous les ans et formée des personnes notables du département.

Les débats sont dirigés par le président, qui interroge l'accusé et les témoins.

Le réquisitoire est prononcé par le procureur général, ou par son représentant, et après la plaidoirie de l'avocat en faveur de l'accusé; le jury déclare, après délibération, si celui-ci est coupable ou non coupable. Dans le dernier cas, l'accusé est immédiatement mis en liberté; dans le premier cas, les juges appliquent la peine encourue.

21ᵉ Leçon. — **Cour d'appel et Cour de cassation.**

Résumé. — Les affaires dans lesquelles les intérêts en cause dépassent quinze cents francs, et les affaires correctionnelles peuvent être portées par appel devant la cour de ce nom qui les examine et les juge une seconde fois.

Les décisions de la cour d'appel sont définitives et ne peuvent être réformées que pour vice de forme par la cour de cassation, dont le siège est à Paris.

En cas de cassation, la cour désigne de nouveaux juges pour un nouvel examen.

La cour de cassation examine, quand elles lui sont déférées par un pourvoi régulier, toutes les affaires de l'ordre judiciaire depuis les jugements des juges de paix jusqu'à ceux des cours d'assises.

22e Leçon. — **Tribunaux spéciaux.**

Résumé. — Les conseils de prud'hommes cherchent à concilier les contestations entre ouvriers et patrons ; ils jugent ces contestations lorsque la conciliation est impossible. Leurs décisions peuvent, lorsque les intérêts en jeu dépassent deux cents francs, être frappées d'appel devant le tribunal de commerce qui juge, en outre, les procès d'ordre commercial. Pour ces derniers tribunaux, l'appel est admis quand il s'agit de sommes supérieures à quinze cents francs.

Les prud'hommes et les juges de commerce sont désignés à l'élection et remplissent gratuitement leur mandat.

Les militaires et les marins sont justiciables du conseil de guerre et du conseil de revision dont les attributions sont analogues à celles de la cour de cassation.

Certaines affaires relatives à l'enseignement sont jugées par les tribunaux universitaires.

23e Leçon. — **Tribunaux administratifs.**

Résumé. — Il existe quatre sortes de tribunaux administratifs : les Conseils de Préfecture, le Conseil d'État, la Cour des Comptes et le Tribunal des Conflits. Il y a un Conseil de Préfecture dans chaque département. Les trois autres tribunaux sont uniques et siègent à Paris.

Les tribunaux administratifs examinent et jugent toutes les affaires dans lesquelles le pouvoir exécutif est en cause : affaires relatives aux contributions, affaires d'élections, gestions des deniers publics.

Le tribunal des conflits décide devant quelle juridiction doit être portée une affaire revendiquée par la justice civile et la justice administrative.

V. — L'INSTRUCTION PUBLIQUE

24e Leçon. — **Nécessité de l'instruction.**
Œuvre scolaire de la République.

Résumé. — Dans un pays de gouvernement démocratique, la diffusion de l'instruction est un besoin social. L'homme qui est instruit a en outre, un avantage considérable sur ceux qui ne le sont point.

Les gouvernements libéraux ont fait tous leurs efforts pour assurer l'instruction du peuple, et en particulier le gouvernement de Louis-Philippe et la République de 1870. C'est cette dernière qui a consenti les plus grands sacrifices. Grâce à elle, il y a aujourd'hui partout des écoles bien aménagées, pourvues de bons maîtres. On peut dire que, de nos jours, il n'y a d'ignorants que ceux qui le veulent bien.

25e Leçon. — **Organisation de l'instruction publique.**

Résumé. — En France, l'enseignement est donné dans trois ordres d'établissements : l'enseignement primaire dans les écoles primaires, l'enseignement secondaire dans les lycées et collèges, l'enseignement supérieur dans les Facultés.

Il existe, en outre, des écoles spéciales, dont la création remonte à la Convention, et qui préparent leurs élèves à des carrières déterminées.

Les autorités préposées à la surveillance et à la direction de l'enseignement sont : au-dessous du ministre de l'Instruction publique, les recteurs, les inspecteurs d'Académie et les inspecteurs primaires. Les écoles primaires sont, en outre, placées sous la surveillance des maires et des *délégués cantonaux* désignés par le Conseil départemental.

VI. — LA DÉFENSE DU TERRITOIRE

26e Leçon. — **L'armée.**

Résumé. — Le ministre de la Guerre veille à la sécurité de la Patrie. Il est le chef de l'armée dont tous les Français font partie de 20 à 45 ans.

L'armée compte sur le pied de guerre plus de trois millions d'hommes appartenant à l'armée active ou à l'armée territoriale. Les soldats sont partagés en quatre grandes catégories ou armes : l'infanterie, la cavalerie, l'artillerie et le génie.

L'armée française comprend dix-neuf corps répartis sur toute la surface du territoire. Les grades sont nombreux, et le simple soldat peut successivement devenir caporal, sergent, sergent-major, adjudant, sous-lieutenant, lieutenant, capitaine, chef de bataillon, lieutenant-colonel, colonel, général de brigade, général de division.

27ᵉ Leçon. — **Marine et colonies**.

Résumé. — L'armée de mer, placée sous les ordres du ministre de la Marine, a pour mission de défendre et de protéger les côtes de la France, les colonies françaises et notre commerce maritime.

Elle compte près de quatre-vingt mille hommes recrutés en grande partie par l'inscription maritime.

La flotte se compose de près de cinq cents bâtiments cuirassés de différentes catégories rattachés aux cinq ports militaires, chefs-lieux des cinq préfectures maritimes ; Cherbourg, Brest, Lorient, Rochefort et Toulon.

28ᵉ Leçon. — **Le service militaire**.

Résumé. — Le service militaire est obligatoire pour tout Français valide, âgé de vingt ans. Il était considéré autrefois comme une pénible corvée; c'est aujourd'hui un honneur dont il faut être digne, car on ne sert plus un roi, mais la Patrie.

La durée du service est de 25 ans divisés en quatre périodes : armée active, trois ans; réserve de l'armée active, sept ans; armée territoriale, cinq ans; réserve de l'armée territoriale, neuf ans.

Il existe, pour préparer à l'armée des officiers instruits, des écoles militaires telles que l'École supérieure de Guerre, l'École de Saint-Cyr, celles de Saint-Maixent, de Saumur, de La Flèche; l'École navale de Brest.

29ᵉ Leçon. — **Devoirs du soldat**.

Résumé. — Le soldat qui aime sa Patrie le prouve par sa

bonne conduite à l'armée et par la manière dont il remplit les devoirs que lui impose son état.

Il cherche à perfectionner constamment son instruction; il a grand soin de ses armes et de ses effets; il obéit sans murmurer aux ordres qu'il reçoit; il observe scrupuleusement la discipline, sachant bien que, sans elle, il n'y a pas d'armée vraiment forte.

Rentré dans ses foyers, il se tient au courant de la vie militaire et répond avec empressement aux appels qui lui sont adressés.

VII. — LES FINANCES

30e Leçon. — **Impôts et contributions.**

Résumé. — Le ministre des Finances dirige les agents chargés de recouvrer les impôts et de payer les dépenses faites par l'État dans l'intérêt de tous.

Les ressources dont l'État dispose lui sont fournies par l'impôt ou les contributions que paient tous les Français. Ces contributions sont publiquement fixées par le pouvoir législatif qui, publiquement aussi, règle l'emploi qui doit en être fait.

Nous savons par ce moyen que les sacrifices qui nous sont demandés nous reviennent sous une autre forme, et cette certitude doit nous déterminer à payer nos contributions non seulement sans regret, mais avec exactitude.

31e Leçon. — **L'impôt autrefois.**

Résumé. — Sous l'ancien régime, les impôts étaient fixés suivant le bon plaisir du roi et n'atteignaient ni les nobles ni le clergé. La situation actuelle des contribuables est bien plus douce que celle de nos pères.

Les principaux impôts étaient : la taille, ou impôt sur la terre; la gabelle, ou impôt sur le sel; les aides, ou impôt sur les boissons, et les douanes, placées aux frontières de chaque province.

La perception des impôts était organisée de telle sorte que la moitié à peine du produit arrivait au trésor du roi; le reste était absorbé par les frais ou servait à enrichir les fermiers et leurs agents.

32ᵉ Leçon. — **L'impôt aujourd'hui. Contributions directes et contributions indirectes.**

Résumé. — L'Assemblée constituante supprima les anciens impôts et décida que tous les citoyens contribueraient aux impôts nouveaux. Ceux-ci sont de deux sortes : 1° Les impôts directs, au nombre de quatre : impôt foncier, impôt personnel et mobilier, portes et fenêtres, patentes. Le montant des impôts directs est payé entre les mains du percepteur et forme la sixième partie environ du revenu de l'État.

2° Les impôts indirects sont payés à raison de la circulation ou de la consommation de certains objets et marchandises ou frappent la richesse qui échappe aux impôts directs. Le produit des impôts indirects forme les cinq sixièmes des revenus de l'État.

33ᵉ Leçon. — **Assiette et recouvrement de l'impôt.**

Résumé. — Les impôts directs sont divisés en impôts de répartition et en impôts de quotité. Chaque année les Chambres fixent pour les premiers la somme totale à demander aux contribuables et établissent la part de chaque département La répartition est faite ensuite par le Conseil général, les Conseils d'arrondissement et les répartiteurs communaux.

Pour les impôts de quotité qui concernent les propriétés bâties et les patentes, les Chambres en fixent le taux et la proportion.

Les contribuables reçoivent un avis indiquant ce qu'ils doivent payer. Ils peuvent s'acquitter en plusieurs termes à la Caisse du percepteur. Avec l'argent qu'il reçoit ainsi, celui-ci paie les dépenses de l'État et verse l'excédent dans la Caisse du trésorier-payeur général. Les réclamations relatives aux contributions sont reçues par le sous-préfet et jugées par le Conseil de Préfecture et le Conseil d'État.

34ᵉ Leçon. — **Le budget de l'État.**

Résumé. — Chaque année, les Chambres discutent et établissent le budget, c'est-à-dire qu'elles prévoient et fixent les dépenses et les recettes de l'État.

La loi des finances est faite dans la même forme que les autres lois.

Le budget de la France dépasse trois milliards.

Pour faire face aux dépenses extraordinaires, l'État a recours à l'emprunt et crée des rentes. Les intérêts payés pour ces rentes, qui constituent la Dette publique, s'élèvent, chaque année, à un milliard trois cents millions.

35ᵉ Leçon. — **Postes et télégraphes.**

Résumé. — Grâce aux chemins de fer, l'organisation du service des Postes a été perfectionné à un point tel qu'une lettre ne met jamais plus de deux jours pour aller d'une extrémité de la France à l'autre. Les communications télégraphiques sont encore plus rapides.

Les Postes et télégraphes nous rendent, en échange d'un sacrifice minime, des services dont nous ne saurions plus nous passer.

La plupart des communes importantes ont un bureau de poste géré par un receveur ou par une receveuse. De ce bureau partent tous les jours les facteurs chargés de porter les correspondances au domicile des destinataires. Ces facteurs rapportent à leur tour au bureau auquel ils sont attachés toutes les correspondances qui leur ont été remises ou qu'ils ont trouvées dans les boîtes fixes des villages.

VIII. — AUTRES MINISTÈRES

36ᵉ Leçon. — **Travaux publics, Commerce et Industrie. Agriculture.**

Résumé. — Le ministre des Travaux publics assure par ses agents dans les départements, architectes, ingénieurs, conducteurs et agents voyers, l'exécution et l'entretien des grands ouvrages d'utilité publique tels que les chemins de fer, les routes, les canaux, les monuments, etc.

Le ministre du Commerce et de l'Industrie encourage et protège ces manifestations de l'activité humaine, tandis que le ministre de l'Agriculture se consacre au perfectionnement de la culture du sol. L'agriculture est le plus important et le plus nécessaire de tous les arts. Elle mérite d'attirer et de retenir dans la saine vie des champs le plus grand nombre possible des habitants de la France.

37ᵉ Leçon. — **Affaires étrangères.**

Résumé. — Nos relations avec les autres nations sont sous la direction du ministre des Affaires étrangères, que ses agents renseignent sur ce qui se passe au delà de nos frontières.

Les ambassadeurs et agents diplomatiques s'occupent des affaires politiques et les agents consulaires de celles qui ont plutôt un caractère commercial.

Les fonctions des uns et des autres sont délicates et importantes.

Le ministre des Affaires étrangères dirige les protectorats, négocie les traités et prépare les alliances qui ont pour effet d'augmenter notre force et notre influence.

IX. — L'ÉTAT. SOUVERAINETÉ NATIONALE.

38ᵉ Leçon. — **Origine de la nation. Les principes de 1789.**

Résumé. — Avant la Révolution, la population de la France était divisée en trois ordres : la noblesse, le clergé et le tiers état. Les membres du tiers état, c'est-à-dire le peuple, étaient infiniment plus nombreux que les membres des deux autres ordres réunis. Le tiers état subissait pourtant la domination des ordres privilégiés. Il avait de tout temps fait des efforts pour s'affranchir de cette domination. Il y parvint définitivement par la Révolution de 1789 qui proclama les principes nouveaux et les formula dans la Déclaration des droits de l'homme et du citoyen. Ces principes sont la base de la société moderne, et notre devoir, comme notre intérêt, est de veiller à leur conservation.

39ᵉ Leçon. — **Souveraineté nationale. Le suffrage universel.**

Résumé. — En 1789, grâce à l'énergie des représentants du tiers état, l'autorité souveraine passa des mains du roi dans celles du peuple. Le peuple ne peut pas exercer d'une manière permanente cette autorité, mais par son vote il la délègue à des mandataires responsables, pour une durée fixe. A l'expiration de cette période, les mandataires sont réélus s'ils continuent à posséder la confiance des électeurs, ou remplacés par d'autres, s'ils l'ont perdue.

Le vote était le privilège d'une faible partie des citoyens sous les gouvernements monarchiques qui avaient suivi la première République. La République de 1848 le rendit universel.

40e Leçon. — **Devoirs des électeurs et des élus**.

Résumé. — Le droit de vote est un privilège considérable et d'une haute portée. Nous ne devons pas manquer de l'exercer dans toutes les occasions où la loi nous y invite : son importance même nous oblige à voter avec intelligence, probité et indépendance.

Ceux qui sollicitent nos suffrages ont à leur tour le devoir d'être honnêtes, francs, loyaux. Ils contractent l'obligation de remplir leur mandat d'une manière conforme à l'intérêt général.

41e Leçon. — **Droits civils et droits politiques**.

Résumé. — Le premier et le plus important de nos droits, c'est la liberté. Les droits civils et les droits politiques ne sont que la conséquence de celui-là. Parmi les droits civils nous devons citer avec la liberté de la presse et de conscience, l'égalité et le droit de propriété.

Les droits politiques comprennent le droit de vote, qui nous permet de participer à la confection des lois et au gouvernement du pays, et le droit de résister à l'oppression, c'est-à-dire de n'obéir qu'à la loi.

42e Leçon. — **La devise républicaine**.

Résumé. — La devise républicaine est formée par les trois mots : liberté, égalité, fraternité. Les deux premiers concernent nos droits de citoyens; le troisième terme nous impose un devoir. Si nous devons être jaloux de conserver la liberté et l'égalité, nous devons faire des efforts constants pour amener le règne de la fraternité parmi les hommes.

———————

TABLE DES MATIÈRES

DEUXIÈME PARTIE

INSTRUCTION CIVIQUE

I. — LA COMMUNE

II. — LE DÉPARTEMENT

VIII. — AUTRES MINISTÈRES

IX. — L'ÉTAT. SOUVERAINETÉ NATIONALE

FIN

Imprimerie D. Dumoulin, à Paris.